# Le Patriotisme

DU

# CONSTITUTIONNEL

DÉVOILÉ,

*Suivi de Quelques Réflexions*

SUR

*L'Introduction des Presses Mécaniques*

DANS L'IMPRIMERIE.

Fiat lux !...

## PARIS,

IMPRIMERIE DE CARPENTIER-MÉRICOURT,
RUE TRAÎNÉE, N° 15, PRÈS SAINT-EUSTACHE.

**1830.**

# LE PATRIOTISME
# DU CONSTITUTIONNEL
## Dévoilé,

SUIVI

**DE QUELQUES RÉFLEXIONS**

*Sur l'introduction des Presses mécaniques*

DANS L'IMPRIMERIE.

---

Fiat lux !...

Le *Constitutionnel*, tout en annonçant, jusqu'au 26 juillet, à ses nombreux abonnés, le désir qu'avait le ministère Charles X de tenter quelques coups d'état, était cependant loin de croire ce ministère assez fou pour le lancer sur un terrain si périlleux.

Grande fut la stupeur parmi ses rédacteurs et ses propriétaires, en lisant dans le *Moniteur* du 26 les fameuses ordonnances. Les mots qui d'abord le frappèrent le plus, furent ceux-ci : *les presses qui auront servi à l'impression des feuilles non autorisées, seront brisées.* Leur Dieu, l'objet de leur culte (la presse mécanique), était menacé ; le veau d'or allait être renversé. Le rétablissement des cours prévôtales dont il était aussi question en ce moment, produisait moins d'effet sur eux que ces terribles mots : *les presses seront brisées.* Voyons quelle fut alors la conduite de ce journal, que jusque-là, sur la foi de son titre, on avait cru éminemment patriote.

*Le 26 juillet*, les rédacteurs et actionnaires accoururent à l'administration du journal, et tiennent conseil : la terreur, au lieu du courage, est peinte sur le visage de la plupart d'entre eux. Dans ce conseil, il est *patriotiquement* décidé, non cependant à l'unanimité, qu'il faut se rendre en toute hâte près du ministre, et solliciter l'autorisation de paraître, fût-ce même avec censure.

*Le même jour, 26 au soir*, avait lieu, dans les bureaux du *National*, une réunion de tous les électeurs ayant composé les bureaux définitifs des colléges du département de la Seine, et des rédacteurs des divers journaux de Paris. Là était rédigée par les courageux rédacteurs du *National*, une protestation qui fut signée par tous les rédacteurs des journaux de la capitale, ceux du *Constutionnel* exceptés. Trois de ceux-ci néanmoins signèrent cette protestation, non comme rédacteurs du *Constitutionnel*, n'y étant pas, disaient-ils, autorisés, mais seulement comme écrivains. Ces rédacteurs sont MM. Evariste Dumoulin, Cauchois-Lemaire et Année. Ils s'engageaient aussi à faire des représentations pour que leur feuille ne se soumît pas aux ordonnances illégales.

*Le 27 au matin*, tous les journaux libéraux paraissent sans autorisation, le *Constitutionnel* excepté, et sont distribués gratis. Des commissaires de police et la force armée se transportent aux lieux où s'impriment ces différens journaux, et les presses sont mises hors d'état de service.

*Le 27 à midi*, de zélés mécaniciens remettent les

presses en état; elles sont employées à imprimer des proclamations, des instructions qui paraissent de quart d'heure en quart d'heure. Le *Constitutionnel* ne fait rien paraître.

*Le 28 au matin*, tous les journaux, le *Constitutionnel* encore excepté, sont répandus avec profusion. La force armée n'agit plus contre eux. Dans le courant de la journée, ils ne cessent de publier des proclamations et des instructions. Les rédacteurs et employés des divers journaux, mais toujours le *Constitutionnel* excepté, se mêlent aux combattans, et, comme eux, défendent nos libertés les armes à la main. Le *Constitutionnel* a, depuis, fait grand bruit de la mort d'un de ses ouvriers atteint d'une balle sur le seuil de la porte où la curiosité l'avait attiré peu d'instans *après* la charge que fit le cinquième régiment de ligne dans la rue Montmartre.

*Le 29 juillet*, les journaux libéraux continuent à paraître. Le *National* lance une proclamation en faveur du duc d'Orléans, les troupes de Charles X sont en pleine retraite. Le danger est passé, le *Constitutionnel* alors est prêt à combattre; il est au premier rang, il imprime, il imprime, il imprime, et 20,000 exemplaires répandus gratis dans la capitale, vont prouver à la population entière, que jamais elle n'eut de plus constant, de plus ardent défenseur. Il rejette le silence qu'il a gardé depuis trois jours sur le refus de son imprimeur. Mais personne n'ignore que cet imprimeur n'est qu'un *prête-nom*, que la presse mécanique, achetée en Angleterre par l'un des actionnaires du *Constitutionnel*, est la propriété de l'administration, ainsi que tout le matériel servant à la confection du journal; la propriété de l'administration eût donc seule été compromise, et il nous semble qu'il ne dépendait que de cette administration de s'exposer à un tel sacrifice; mais il fallait pour cela du patriotisme, et ces messieurs n'en font parade que lorsqu'ils peuvent ne retirer quelques bénéfices. Leur imprimeur refuser son nom! et quand cela eût été, que ne s'en passaient-ils, comme l'ont fait plusieurs autres journaux, ou que n'acceptaient-ils l'offre que M. Jules Didot faisait du sien à toutes les feuilles qui en auraient besoin.

31 *juillet et jours suivans* : une souscription est ouverte au *Constitutionnel* en faveur des blessés, des veuves et des orphelins des mémorables journées. Le *Constitutionnel* verse GÉNÉREUSEMENT une somme de trois mille francs, c'est-à-dire, douze cents francs de moins que le bénéfice obtenu, *sur le prix du timbre seulement,* pendant les trois jours de la non publication de sa feuille; et ce bénéfice (dans lequel n'est pas comprise l'économie du papier), de combien ne s'est-il pas accru par quinze autres jours de publication sur papier libre! Voilà donc plus de vingt mille francs que notre victoire (à laquelle il n'a point participé), a fait entrer dans ses coffres; voilà donc plus de vingt mille fr. qu'il aurait pu consacrer au soulagement des victimes de la grande semaine, sans que pour cela il y eût eu de sa part le plus léger sacrifice pécuniaire.

Il est à remarquer que les libéralités du *Constitutionnel* sont toutes frappées au même coin : lorsque, par une sorte de charme que nous ne concevons pas, il eut ressaisi la confiance publique, et que plus de 100,000 francs eurent été déposés dans ses bureaux par le patriotisme français, il jugea convenable, pour accroître une popularité usurpée, popularité dont bientôt, nous l'espérons, on cessera d'être dupe, il jugea, disons-nous, convenable de faire lui-même la distribution d'une partie de ces fonds. Il a donné à bureau ouvert, sur certificats qu'on lui présentait, et sans renseignemens préalables. Et qui lui avait permis de disposer de cet argent dont il n'était que le dépositaire? La bienfaisance, lorsqu'elle le lui confia, entendait, sans aucun doute, que la répartition en serait légalement réglée.

Parlons maintenant des troubles qui viennent d'avoir lieu parmi les ouvriers imprimeurs, on verra que le *patriotisme* du *Constitutionel* y joue encore un certain rôle, et qu'il en est lui-même une des principales causes.

Quand, pendant les journées de juillet, des imprimeurs, dans un moment d'effervescence, condamnable peut-être, brisèrent un grand nombre de presses mécaniques, ils voulurent faire subir le même sort à la presse du *Constitutionnel;* ils arrivèrent précisément au moment où cette feuille venait de recouvrer le courage. On leur fit observer qu'il serait impossible en cet instant de parvenir, par les moyens ordinaires, à une prompte publication du journal, et on les supplia, dans l'intérêt de la cause nationale, de ne point arrêter l'impression; mais on s'engagea, *sur parole d'honneur,* à prendre des mesures pour ne pas se servir le lendemain de la presse mécanique. La presse fut respectée.

Le *Constitutionnel* venait de faire un serment qui blessait ses intérêts, le *Constitutionnel* manqua à la foi jurée. Eh quoi! dans un moment comme celui où nous nous trouvons, lorsque presque toutes les industries souffrent de la grande commotion que nous venons d'éprouver, lorsque le gouvernement s'empresse de faire voter des fonds pour assurer de l'occupation aux ouvriers sans travail, le *Constitutionnel* ne retrouve pas assez de patriotisme pour venir au secours de gens qui, en renversant un gouvernement oppresseur de toutes libertés, de la liberté de la presse surtout, ont sauvé son établissement du désastre le plus complet! La reconnaissance même ne le porte pas à leur consacrer, ne fut-ce que pour quelques mois ( en leur procurant du travail, bien entendu ), une partie des énormes bénéfices dont il ne doit la conservation qu'au sang qu'ils ont versé. Il y a de sa part, mauvaise foi, cupidité, ingratitude : sa conduite est infâme !

Les ouvriers Imprimeurs, indignés, s'assemblèrent et résolurent de refuser leur participation à la confection de tout journal qui ne s'imprimerait pas par les moyens ordinaires.

Le *Constitutionnel* jeta les hauts cris; il convoqua sur-le-champ une assemblée de tous les journaux, et il fut proposé par lui *qu'on cesserait de paraître jusqu'à ce que les ouvriers consentissent à travailler de nouveau pour les machines.*

Cette mesure, qui aurait tout-à-coup jeté l'alarme

dans les départemens, en les privant de nouvelles de la capitale, devait forcer le gouvernement à sévir contre les ouvriers rebelles ; mais plusieurs rédacteurs, notamment ceux du *National* et du *Nouveau Journal de Paris*, refusèrent leur consentement et déclarèrent que rien ne pourrait les empêcher de faire paraître leur feuille.

Force fut au *Constitutionnel* de chercher un autre moyen, et une mesure semblable à celle qu'il venait de proposer lui-même, le dessein de jeter le trouble dans les provinces en empêchant la publication de sa feuille fut alors attribué par lui aux ouvriers. Le vénérable général Lafayette était venu s'assurer lui-même de l'état des choses ; on lui persuada que l'unique but des ouvriers était d'empêcher l'impression du journal, *même par les presses à bras*, jusqu'à la destruction des presses mécaniques. Cette assertion était fondée sur une circonstance qui malheureusement lui donnait quelqu'apparence de vérité et n'était pourtant que le fruit de la plus insigne mauvaise foi. Les Compositeurs ayant vainement cherché à se disculper près du noble général, reprirent à l'instant même leurs travaux. Quelle différence dans la conduite des uns et des autres ! Les propriétaires du *Constitutionnel* auraient mieux aimé compromettre le repos de la France que de sacrifier la plus petite partie de leur bénéfice ; les imprimeurs n'ont pas balancé un instant à faire taire leurs intérêts pour se soustraire à un soupçon outrageant ; et cependant les lois vont peut-être frapper quelques-uns de ceux-ci, quand elles ne pourront atteindre les autres. Qu'ils n'espèrent pas néanmoins échapper au juste châtiment qu'ils méritent ; l'opinion publique nous vengera, nous en avons le pressentiment ; bientôt éclairée sur les véritables sentimens de ceux qui se disent les défenseurs des intérêts du peuple, elle flétrira de sa réprobation une feuille qui s'est si hautement diffamée : la France ne continuera pas à enrichir des hommes qui l'ont abandonnée au moment du danger ; elle reportera sa confiance sur d'autres qui s'en sont rendus dignes.

*Un mot sur les Presses mécaniques.*

Non ! nous ne voulons pas la destruction des machines, nous savons que les machines contribuent au développement de l'industrie, et que l'accroissement de l'industrie est la source de la prospérité des états ; nous savons aussi que la liberté industrielle est indispensable à cette prospérité, mais si elle ne l'était pas, si les machines n'avaient pas le résultat que nous leur connaissons, qui oserait prétendre qu'il ne serait pas de l'intérêt de la société, d'abolir cette liberté, de briser ces machines ? Et l'on ne contestera pas, je pense, à la société, le droit de protéger ce qui peut ajouter à son bien être, de proscrire ce qui lui serait funeste. Or, parce que les machines, en général sont utiles, et méritent protection et encouragement, faut-il en conclure que l'on doit encourager et protéger celles mêmes dont les avantages ne compenseraient pas les inconvéniens ? Non sans doute. Eh bien ! c'est dans ce dernier cas que se trouvent les presses mécaniques et nous allons tâcher de le prouver le plus succinctement possible.

Le principal avantage d'une machine est, en diminuant les frais de la fabrication, de faire baisser le prix des objets fabriqués, et cela par le moyen de la concurrence. Pour les ouvrages d'imprimerie, la concurrence, dans un grand nombre de cas, est impossible puisque l'éditeur, le propriétaire d'un livre a seul le droit de le publier; mais, nous dira-t-on, si l'auteur obtient l'impression à meilleur compte, il vendra aussi son ouvrage moins cher. Nous répondrons: une pièce de théâtre, une tragédie nouvelle, par exemple, qui, il y a quinze ans, se vendait 2 fr., 3 fr. au plus, se vend aujourd'hui jusqu'à 6 fr. Pourquoi cela, puisqu'il y a maintenant des presses mécaniques et qu'il n'y en avait pas alors?

Dans d'autres cas, dans ceux où la concurrence peut avoir lieu, c'est-à-dire pour les ouvrages tombés dans le domaine public, examinons le bénéfice qui résulterait pour la généralité, s'il plaisait à messieurs les libraires de faire jouir le consommateur de l'économie que leur procurent les machines. D'abord la confection d'un ouvrage se divise en trois parties bien distinctes, la partie de l'auteur (qui, dans ce cas ci, est peu de chose), la partie du compositeur, et la partie de l'imprimeur; c'est seulement sur cette dernière partie, la moins importante, que les machines peuvent donner quelque bénéfice, et il faut encore pour cela que l'ouvrage soit imprimé à grand nombre; ainsi 20,000 feuilles d'impression qui coûteront par les presses or dinaires 200 fr., ne coûteront par les presses mécaniques que 50 fr.; voilà donc 150 fr. d'économie; mais qui, divisés entre 20,000 feuilles ne font pas un centime par feuille; or, pour procurer à l'acheteur un bénéfice pour ainsi dire imperceptible, on aura privé de travail trente ouvriers.

Tel est le résultat des presses mécaniques dans le cas le plus avantageux.

Quant aux journaux, la question est bien différente; le bénéfice est ici considérable, en voici la raison : pour un ouvrage ordinaire (un labeur), une seule planche suffit parce qu'il n'importe pas que l'impression soit faite en quatre, six, dix heures plus ou moins, mais un journal doit être imprimé en un temps déterminé et ce temps est quelquefois fort court.

On est donc forcé, si l'on tire à grand nombre, de faire à la fois plusieurs planches, plusieurs compositions, et ce sont ces frais de composition que la machine économise en même temps que ceux d'impression. Un journal qui a 20,000 abonnés, peut, au moyen d'une presse mécanique ne dépenser en frais d'impression et de composition que ce que dépense un autre journal qui n'a que quatre mille abonnés, et il lui serait possible, si la diminution dans le prix de ses abonnemens lui devenait utile, de réduire ce prix de moitié.

Mais ici encore, la concurrence ne produira jamais cette diminution, car ce n'est pas la différence dans le prix qui fait que l'on s'abonne plutôt à un journal qu'à un autre; mais bien les doctrines, les principes, la rédaction enfin de ce journal; s'il en était autrement, le

*Nouveau Journal de Paris*, par exemple, qui coûte par an huit francs de moins que la plupart des autres journaux, aurait déjà enlevé à ceux-ci tous leurs abonnés; et si quelque jour il s'enrichit des dépouilles de son orgueilleux voisin, ce que nous souhaitons, et ce qu'il mérite peut-être à plus d'un titre, ce ne sera certainement pas à l'abaissement de son prix qu'il le devra.

Et quelles conséquences funestes, bon Dieu ! si la concurrence dans le taux de l'abonnement devenait un jour l'unique cause de la prospérité d'une feuille périodique. Deux ou trois journaux, par les raisons que nous venons de déduire, pourraient seuls soutenir la concurrence, ils écraseraient tous ceux de leurs confrères qui ne compteraient pas 15 ou 20,000 abonnés, puisque ce nombre d'abonnés serait indispensable pour livrer à aussi bas prix qu'eux ; et, devenus seuls maîtres et directeurs de l'opinion publique, ils seraient un fléau pour le Gouvernement, au lieu d'en être les utiles auxiliaires. Dans une telle occurrence, que ferait le Gouvernement ? Il trouverait bientôt quelque bonne raison pour empêcher un mode d'exploitation qui lui serait devenu si préjudiciable, et cependant il y aurait véritablement alors bénéfice pour le grand nombre, pour les consommateurs.

« Vous alléguez, nous a-t-on dit, que les presses mécaniques, sans utilité générale, font un grand tort à une classe entière d'individus; si elles font tort à une classe, elles en enrichissent une autre... » Oui, sans doute; mais pour que la société admet une telle compensation, il faudrait au moins que le bénéfice fût du côté de la classe la plus nombreuse, et le contraire positivement a lieu ; encore ne sont-ce que quelques individus seulement de ce petit nombre qui bénéficient.

On nous dit aussi : « En admettant que les machines dans l'imprimerie eussent un résultat plus funeste qu'utile, on ne pourrait en défendre l'emploi sans renverser les principes de la liberté de l'industrie. » Nous répondrons d'abord que jamais l'exception n'a détruit la règle ; ensuite il s'agirait de s'entendre sur la portée de ces mots : Liberté de l'industrie. La société, en adoptant le principe de cette liberté ne peut s'interdire le droit d'en régler l'usage, en ce qui touche les intérêts du plus grand nombre, ou ce serait alors stipuler contre ses propres intérêts, et, par conséquent, saper les fondemens de son existence. Il est des industries dont le mode d'exploitation est déterminé par des lois, par des réglemens. Il est une entreprise, par exemple, dont les travaux ne peuvent s'exécuter que la nuit ; eh bien, pense-t-on que les exploitateurs de cette entreprise soient fondés à crier à l'arbitraire, à l'attentat contre la liberté industrielle, parce que, dans un intérêt général, on les force à un surcroît de dépense que leur éviteraient des travaux de jour ? Certains journaux se trouvent presque dans le même cas ; leurs entreprises ne péricliteraient pas, ne seraient pas anéanties par la suppression des presses mécaniques, comme ils ont voulu le faire croire ; et si les frais d'exploitation devenaient plus considérables, ce ne serait que pour ceux auxquels un grand nombre d'abonnés procure en même temps un énorme bénéfice.

« Vous prétendez, ajoute-t-on encore, et c'est jusqu'ici ce qu'on a dit de plus spécieux; vous prétendez que, par l'usage des presses mécaniques dans les journaux, un grand nombre d'individus souffrent, lorsque quelques personnes seulement en profitent ; mais l'existence de cette industrie est déjà un bien, et vous ne pouvez sans injustice, empêcher celui qui vous en a doté, d'en retirer lui-même le plus grand profit possible. » Nous répondrons que l'existence de cette industrie était la conséquence nécessaire de la marche de la civilisation, et non le fait de la volonté de quelques individus ; or, nous avons lieu de nous plaindre que la société, ou, si vous l'aimez mieux, qu'un grand nombre de ses membres n'en retirent pas les avantages qu'ils avaient droit d'en attendre.

Il est enfin une foule de raisons à l'appui de notre prétention ; et celles que l'on a données contre nous ne sont pour la plupart que des absurdités plus grossières les unes que les autres, comme, par exemple, cette assertion qu'un livre qui, imprimé par les presses ordinaires, coûterait six francs, pourrait se donner pour trois francs, imprimé par les presses mécaniques.

Qu'on nous prouve que nous avons tort; mais qu'on nous le prouve d'une manière évidente, par des raisonnemens incontestables. Nous nous empresserons d'abjurer l'erreur, si elle est de notre côté, mais que du moins le gouvernemen nous protége, si la raison est pour nous.

MAURICE J......,
*Compositeur.*

*P. S.* Il nous arrive incessamment sur le *patriotisme* du *Constitutionnel* une foule de faits dont on nous garantit l'authenticité. Nous nous bornerons à citer les deux suivaus :

Sur l'invitation qu'avait faite le *Constitutionnel* de lui faire connaître les traits de courage, de dévoûment dignes de la reconnaissance générale, afin qu'il donnât à ces faits la plus grande publicité, un jeune homme, voulant rendre un public hommage à un docteur qui prodiguait ses soins et ses veilles au soulagement des blessés des mémorables journées, se présenta au bureau du journal avec une note sur ce digne médecin; mais, ce à quoi le jeune homme était loin de s'attendre, on exigea, comme condition *sine quâ non*, le paiement de l'insertion. ( Nous croyons que le médecin dont il s'agit est le docteur Léger.)

M. G..., professeur de langue anglaise, ouvrit au commencement du mois d'août un cours au bénéfice des veuves et des blessés de la grande semaine ; il voulait le faire annoncer par les journaux, *gratis*, bien entendu, le *Constitutionnel* refusa ! ! !

*N. B.* Dans quelques exemplaires, il faut rectifier le calcul de la page 10 ainsi qu'il se trouve actuellement.

www.ingramcontent.com/pod-product-compliance
Lightning Source LLC
Chambersburg PA
CBHW070430080426
42450CB00030B/2395